AF266501

AVIS SERIEUX ET COMIQUE

Pour l'Education de la Jeuneſſe.

Dédié au premier Lecteur qui le trouvera bon.

A PARIS,

Chez la Veuve VALLEYRE, rue de la Huchette, à la Ville de Riom.

M. DCC. XXXIX.

Avec Approbation & Permiſſion.

EPITRE.

LEcteur qui le premier trouvera cette Piéce de votre goût, il eſt raiſonnable que vous la preniez ſous votre protection pour répondre au Zéle de l'Auteur, qui ne s'eſt amuſé à la compoſer, que pour que vous vous amuſiez à la lire, méritant votre attention, il ſe ſçaura bon gré d'avoir, ſans y penſer, ſçû toute à la fois vous divertir, & vous mettre en état de corriger vos enfans ; il ne lui reſtera d'autre deſir, après celui-là rempli, que de voir, à votre imitation, tout le monde entier joindre leur ſuffrage au vôtre, pour que le progrès en devienne général ; le ſuccès étant un miracle du haſard, il prendra patience en attendant les effets.

AVERTISSEMENT A LA JEUNESSE.

LE Titre férieux & comique pour votre Education, quoique bizarre, eſt conforme à l'idée que l'on s'eſt propoſé en mêlant cette Piéce de réfléxions férieuſes, & de Chanſons comiques, pour diſpoſer d'une part vos peres, meres, parens ou ſuperieurs, à tranſmettre en vous par leurs exemples les maximes civiles & chrétiennes qu'ils ont eux-mêmes reçûes ; & de l'autre pour vous inſpirer en vous divertiſſant le goût de vos devoirs les plus eſſentiels.

AVIS

SERIEUX ET COMIQUE

POUR L'EDUCATION

DE LA JEUNESSE.

Lorsque le loisir des peres & meres leur permettront de s'amuser avec leurs enfans, ils pourront les instruire sans austerité, en leur faisant repeter souvent les Couplets ci-après, dont le premier leur indiquera la conduite qu'ils doivent tenir pour manifester en particulier à ces mêmes enfans, leur tendresse la plus vive.

Chanson sur l'air des Ennuyeux.

Pere charmé de vos enfans,
Recevez cet avis sincere :
Etant seul prenez votre tems
Pour joüir des plaisirs de pere,
Mais en public, en verité,
Suspendez la paternité.

Comme chaque pere & mere confor-
mément à l'éducation qu'ils ont reçûe,
adoptent les uns à ce que dit le Sage, *qui
aime bien, châtie bien ;* les autres cette fri-
volle réfléxion, *le bon Oiseau se fait de lui-
même.* Tous prennent selon leur genie,
plus ou moins borné, ces especes de pro-
verbes pour des paradoxes bien plus ai-
sés à citer qu'à mettre en pratique. Ce se-
cond Couplet fait voir qu'il est ridicule
de s'écarter sur cette matiere de l'usage
general pratiqué par des gens bien éle-
vés, & décrit dans beaucoup de bons
Livres.

> *Pour bien élever vos enfans,*
> *Qu'à votre voix ils soient dociles,*
> *Soumis, doux & obéissans,*
> *Respectueux, sages & civiles,*
> *Que les grands comme les petits,*
> *Sans indulgence soient repris.*

Si l'on faisoit la moind e attention sur
une chose aussi importante que l'éducation de la jeunesse, on recevroit d'elle
bien plus de satisfaction qu'on en reçoit
d'ordinaire ; il seroit à propos de n'avoir
tous à cet effet qu'un même esprit, & une
même conduite, pour pratiquer libre-
ment pour ses enfans, ce que l'on voit pra-

tiquer pour ceux des autres. Voyez ce troisiéme Couplet.

Le pere aveugle croit toujours
Que son fils dit choses exquises :
Les autres voudroient être sourds,
Qui n'entendent que des sottises.
Il faut donc de necessité
Applaudir à l'enfant gâté.

Il est vrai qu'un des cas le plus essentiel, & qui donne même occasion aux enfans de se mettre peu en peine des reprimandes ou bons avis de leurs parens, est premierement de les loüer en leurs presences ; secondement, de leur promettre mille fois le châtiment, sans en venir qu'à l'extrémité, à la juste, mais trop tardive execution, puérilité que ce quatriéme Couplet tiré des Fables d'Esope, définit parfaitement à la honte des peres & meres trop indulgens.

Parlant d'eux, ne dites jamais
Qu'ils sont beaux, ni qu'ils sont aimables.
Un pere fait mal des portraits,
Esope l'apprend dans ses Fables,
Voyez celle du Chat-huant,
Et croyez-moi profitez-en.

Comme la façon de se tenir à table &
de manger proprement, n'est pas une des
moindres qualités d'une personne bien
instruite, on doit de bonne heure inspi-
rer aux enfans la propreté, l'adresse &
la promptitude dans leurs repas, pour
qu'ils puissent, étant grands, être admis
à toutes sortes de Tables, ce qui leur in-
culque même des principes de sobrieté,
qui sont souvent d'une extrême ressource
dans les differentes situations où la fortu-
ne les conduit : morale qui fait la matiere
de ce cinquiéme Couplet.

Sçachez encor , mes bonnes gens,
Que rien n'est plus insuportable ,
Que de voir vos petits enfans
Au rang d'oignon à la grand Table ,
Des morveux qui le menton gras
Mettent les doigts dans tous les plats.

L'on doit prendre garde si les personnes préposées pour l'éducation des enfans,
ont les qualités que demande ce sixiéme
Couplet.

Qu'ils mangent d'un autre côté ,
Sous les yeux d'une Gouvernante ,
Qui leur prêche la propreté ,
Et qui ne soit point indulgente ,

Ne pouvant trop sévérement
Apprendre à manger proprement.

Ces maximes negligées dans bien des personnes, même d'un rang distingué, les fait souvent passer pour des avides & des gloutons, quoiqu'ils ne mangent pas plus que d'autres, quelquefois moins ; cette sorte de vice a toujours été regardé comme l'effet d'une vile éducation. Ce septiéme Couplet les définit à merveille.

Helas combien voit-on de gens ;
Mais des gens de grandes importances,
Qui sur ce point par leurs parens,
Gâtez de leurs plus tendres enfances,
Entassent morceaux sur morceaux ,
Et mangent comme des pourceaux.

La raison pour laquelle on voit dans le monde tant d'esprits remplis de préjugés differens , & même d'absurdités, vient souvent des fausses impressions que l'on donne aux enfans par des terreurs panniques, de monstres fanatiques & imaginaires, pour tâcher par cet étrange moyen de rompre en eux des petites volontés qu'une correction legere , & donnée à propos, dissiperoit bien plus efficacement:

ce huitiéme Couplet en fait voir l'iconve-
nient.

> *En faveur des petits enfans,*
> *Je veux gronder les Gouvernantes,*
> *Qui pour les rendre obéiſſans*
> *Leur font des peurs extravagantes,*
> *Et qui, contentes du ſuccès,*
> *Les rendent peureux pour jamais.*

Le neuviéme Couplet qui ſuit, ainſi que
le dixiéme, n'eſt qu'une ſuite du huitiéme, c'eſt pourquoi on n'y a point ajoûté
de réfléxions.

> *On leur fait peur du loup garoux,*
> *Tantôt de la grande Bête,*
> *Le Dragon va ſortir d'un trou,*
> *Qui pour les avaler s'apréte ;*
> *Enfin ces petits malheureux*
> *N'ont que des monſtres autour d'eux.*

Quand ces craintes ſe ſont une fois em-
parées de la jeuneſſe, on a beaucoup de
peine à les raſſurer, comme ce Couplet
le démontre.

> *Souvent il ſe voit que plus grands,*
> *Ils ont peur par habitude ;*
> *De là vient que les objets blancs*
> *La nuit les met en inquiétude,*
> *Et qu'effrayez des moindres bruits,*
> *Ils prennent tout pour des eſprits.*

C'est en conséquence que l'on a vû, &
que l'on voit souvent des personnes bra-
ves jusqu'à l'intrépidité, n'oser s'exposer
sans lumiere à entrer dans des lieux ob-
scurs, ce qui est encore plus préjudicia-
ble au beau sexe de qui on ne peut tirer
les services dont ils sont capables, sans
qu'il courre les risques & les inconve-
niens que ce onziéme Couplet apprend.

> *L'on n'ose plus passer la nuit*
> *Sans une escorte ou sans lumiere ;*
> *L'on voudroit étre au fonds d'un puits,*
> *Sitôt qu'il tonne ou qu'il éclaire,*
> *Et méme avec beaucoup de cœur,*
> *L'on ne peut vaincre cette peur.*

Ce douziéme Couplet fait connoître
que l'on perpetue, sans y penser, dans l'esprit de la jeunesse, certains préjugés qui
n'ont d'autres fondemens qu'une vaine &
ridicule superstition.

> *Je ne sçaurois trop condamner*
> *Encor ces craintes mal fondées,*
> *De se trouver treize à dîner,*
> *Et des sallieres renversées,*
> *Et cent mille autres pauvretés,*
> *Dont bien des gens sont entétez.*

Si l'on a pas dit dans ce petit amuſe-
ment comique, & pourtant ſerieux, tout
ce qu'un ſi vaſte ſujet auroit pû ſuggerer
à quelque Ecrivain du premier ordre ;
on n'a qu'à faire attention au titre, cela
juſtifiera pleinement la foibleſſe de la matiere, & celle de ſon Auteur, pourvû que
les peres & meres reçoivent favorable-
ment l'excuſe qui leur eſt demandée par
ce treiziéme & dernier Couplet, & que
leurs enfans en puiſſent tirer quelque pro-
fit, on ſe trouvera encore très-ſatisfait.

Peres ne faut point ſe fâcher
D'un avis auſſi ſalutaire,
Tant que vous pourrez empêcher
Tous les ſots contes de commere,
Qui ne ſervent à vos enfans,
Qu'à les gâter petits & grands.

FIN.

www.ingramcontent.com/pod-product-compliance
Lightning Source LLC
Chambersburg PA
CBHW071702030726
47598CB00005B/2184